AF239831

HERZGESANG

MEINES

SEINS

Wundertütenpoet

VON

TINA HÜSCH

DIE MÖGLICHKEITEN
VON SPIRIT UND POESIE

Bibliografische Information der Deutschen Nationalbibliothek: Die Deutsche Nationalbibliothek verzeichnet diese Publikation in der Deutschen Nationalbibliografie; detaillierte bibliografische Daten sind im Internet über dnb.dnb.de abrufbar.

ISBN: 9783758318641

Herstellung und Verlag: BoD – Books on Demand, Norderstedt

ABOUT ME

Meine große Liebe gehört dem geheimnisvollen Wald und den sternenklaren Nächten, in denen man die Sternschnuppen vom Himmel pflücken kann.

Und so weiß ich auch, dass Sterne tanzen können, Bäume die besten Zuhörer und Eichhörnchen Sorgenvertreiber sind.

Für meine Seele und mich ist die Natur der schönste Spielplatz.

In meiner Welt haben Gefühle ihren eigenen Geschmack und Gedanken ihre eigenen Farben.

Ich liebe Abenteuer und die in ihnen versteckten Geheimnisse des Lebens.

Es ist ein Fest für mich, auf Flohmärkten nach alten Schätzen zu suchen und mit silbernen Ketten zu klimpern.

In mir lebt eine sehr alte Seele, die sich an Worten betrinken und aus ihnen die schönste Poesie zaubern möchte.

So mag ich die Magie, die in Buchstaben lebt, und lasse sie gerne durch meinen Geist erwachen.

Dadurch können Gedichte wie ein Zaubertrank wirken und haben die Macht, einen in eine Welt der Phantasie zu entführen.

Komm mit und entdecke die Abenteuer Deines eigenen Seins.

TINA

FÜR MEINES

SEINS

FIRLEFANZ ...

Für alle,

die nach sich selbst und der

Erfüllung ihrer Träume suchen.

Für Dich,

weil Du erkennen wirst,

dass Du alles bereits tief in Dir gefunden hast.

INHALT

EINBLICK, EINSICHT, ERKENNTNIS ...

Auf der Reise unseres Lebens spielt unser Sein, unser Geist die eigentlich zentrale Rolle. Oder was ist es, was da so tief drin in uns versteckt ist? Noch tiefer als die letzte Socke in der Waschmaschine ... Das, was uns eigentlich ausmacht, das, was wir umgangssprachlich ICH, EGO, GEIST, SEELE nennen. Was wir anderen Menschen als unsere Psyche verständlich machen möchten. So etwas wie ein Kleiderschrank unserer Persönlichkeit.

So ist es eine faszinierende Reise, auf dem Weg zu sich selbst zu sein, auf der Suche nach der eigenen Identität.
Denn wir durchlaufen die verschiedensten Phasen unseres Lebens, indem wir allem Bedeutung zusprechen, um so die verschiedenen Puzzleteile unseres Wesens zusammenzufügen.

Es ist eine Entdeckungsreise, auf der wir uns mit unseren Träumen, Ängsten, Stärken und auch Schwächen auseinandersetzen.
Diese Reise beginnt schon in der Kindheit, in der wir anfangen, die Welt mit unseren eigenen neugierigen Augen zu betrachten, um allem seine eigene Wertigkeit zu geben, auf der Suche nach unserem ganz persönlichen Platz in dieser Welt.

14

Mit den Jahren lernen wir aus unseren Fehlern, sammeln unsere Erfahrungen und freuen uns über bestandene Herausforderungen. Schritt für Schritt beginnt sich so unser eigenes Selbst zu formen und unsere Persönlichkeit nimmt Gestalt an.

So komponieren wir das Sein unserer Seele, bei dem jede Erkenntnis zu einer Note unserer Seelenmelodie wird und eine Geschichte erzählt.

Durch diese unsere eigene Melodie und Geschichte öffnen wir täglich selbst den Kleiderschrank unserer Persönlichkeit und entscheiden ausschließlich selbst darüber, welche Kleider getragen werden sollen.

Es gibt die leichten Sommerkleidchen, die uns fröhlich und frei stimmen, und es gibt die dicken Wintermäntel, die schwer an Problemen tragen.

Es gibt zu enge Kleider und zu weite. Es gibt Kleidung, die uns steht, und welche, die uns im wahrsten Sinne des Wortes verkleidet.

Und so gibt es auch Kostüme, die wir tragen, weil wir in unserem Leben Rollen ausfüllen müssen und uns die berechtigte Frage stellen, wie viele Versionen unseres eigenen Selbst es wirklich gibt. Denn kaum glaubt man, alle gefunden zu haben, erkennt man schon wieder neue Kleidungsstücke auf den Bügeln und fragt sich, ob es wirklich wichtig ist, alle Sachen zu tragen, jede Rolle auszufüllen oder auch schon mal nein sagen zu dürfen.

So wird man auf der Suche nach dem eigenen Sein zu einem Archäologen, der ständig in den Tiefen des Inneren sucht und Schicht um Schicht abträgt, um letztendlich doch immer nur neue Rätsel aufkommen zu lassen. Dabei finden wir Überreste von Kindheitsträumen und verstaubte Schätze, die fast schon in Vergessenheit geraten sind, und natürlich gibt es auch ein paar Jugendsünden, die uns Scham und Lachen zugleich ins Gesicht zaubern.

15

Denn unsere Reise führt uns auch durch dunkle Täler von Unsicherheit und Selbstzweifel.

Doch gerade diese Momente sind so wichtig, um sich selbst besser verstehen zu lernen, sich in sich selbst einfühlen zu können, die eigenen Grenzen zu erkennen und sich selbst treu zu sein. Nur so können wir an uns selbst wachsen und alle Facetten unseres Seins entfalten.

Es sind immer unsere Gedanken, mit denen wir alles bereisen können, sie sind ein riesiges undurchdringliches Labyrinth, in dem wir selbst drohen verloren zu gehen und uns immer wieder darauf einlassen, neue Runden auf dem Karussell unserer Gedanken zu drehen.

Wir fühlen uns wie Rattenfänger, die versuchen, die wilden Flausen, Gedanken und Ideen einzufangen, um sie nach Reih und Glied zu ordnen, doch all das, was da in uns wohnt, lässt sich nicht fangen, lässt sich nicht zähmen und lässt sich nicht voraussagen.

Es ist unser eigenes wildes Selbst mit einer Schatzkammer an Emotionen, die wie Juwelen glänzen.

Aus ihnen funkeln unsere Freuden und Glücke hervor, doch auch unsere tiefsten Traurigkeiten zeigen sich dazwischen wie Perlen auf einer Schnur. Dadurch ist es schwer für uns, mit allen Gefühlen auf einmal zu jonglieren, und so müssen wir immer aufpassen, dass uns nichts aus der Bahn wirft. Denn in uns drin herrscht Chaos. Doch gerade dieses Chaos ist wichtig, damit immer wieder neue Ideen und Chancen in unser Leben kommen. Damit wir die Blickrichtung wechseln und das eigene wilde Selbst auf der Lebensreise begleiten. Wir gleichen einem bunten Comic voller Abenteuer und irrwitziger Geschichten.

Doch nur so lernen wir zu erkennen, dass man in den eigenen Untiefen nicht verloren gehen kann, sondern dass es ein spaßiger Teil des Lebens ist, sich immer wieder auf die Suche nach dem eigenen Selbst zu machen.

16

Diesem unerschrockenen, manchmal schrägen Teil von uns, der in uns wohnt und nur darauf wartet, die Bühne zu betreten und sich selbst zu spielen. Dadurch ist unser Innerstes auch so etwas wie ein kleiner Rebell, der immer dann erwacht, wenn unser Ich von der Macht der gesellschaftlichen Norm unterdrückt wird, dieser Rebell hasst Montagmorgen und liebt Schokolade zum Frühstück.

Wenn man einmal die Sprache des inneren Rebellen zu sprechen gelernt hat, wird die Lebensreise zu einem wundervollen Abenteuer. Und wo ein innerer Rebell lebt, dort lebt auch sein Zwillingsbruder, der Geheimagent. Er ist ein Meister der Tarnung und taucht immer zu spät auf.

Am Abend, wenn man den Tag Revue passieren lässt, dann weiß er immer ganz genau, was sein Text gewesen wäre. Und bei all den Mysterien, die in uns leben, dürfen wir die inneren Partytiere nicht vergessen, die nur darauf warten, mal wieder ausgelassen feiern zu dürfen. Sie erwachen auf Tanzflächen zum Leben und sind eng befreundet mit unserem inneren Komiker-Duo, das verantwortlich für verrückte Witze in den unpassendsten Momenten ist.

Solange Du am Leben bist, wird die Reise zu Dir selbst nie aufhören und alles einem ständigen Wandel unterliegen. Auch unsere eigene Vorstellung von uns selbst wird sich im Laufe des Lebens verschieben und wir werden in uns ständig wieder neu geboren sein. Dadurch ist das Akzeptieren und Umarmen der Veränderung ein wichtiger Teil auf unserer Reise.

Im Laufe des Lebens geht es darum, authentisch zu sein und sein wahres Lebensziel zu erkennen. Dies alles beinhaltet: Selbstliebe, Selbsterkenntnis und Akzeptanz des eigenen Seins.

Denn je besser wir uns selbst verstehen, verstehen wir den Rest der Welt und können einen positiven Einfluss auf alles Seiende haben.

So sei Dir sicher, dass da viele in Dir leben und Du nicht alleine bist. Es sind wundervolle, freche, witzige und wilde Teile da in Dir drin, sie machen Dich zu dem einzigartigen Menschen, der Du bist.

Denn nur durch alle Deine unterschiedlichsten Teile erhält Du sie, Deine eigene **Individualität.**

I – ch
N – atürlich
D – iszipliniert
I – dentität
V – erspielt
I – nspiration
D – rachen
U – nverwechselbar
A – uthentisch
L – ebendig
I – rdisch
T – iefgründig
Ä – sthetisch
T – räumerisch

Das eigene **Ich**, so **natürlich** und doch **diszipliniert**, gibt es die eigene **Identität** wieder, um **verspielt** mit ganz viel **Inspiration** dem **Drachen** des Egos **unverwechselbar** und **authentisch** die Freude am **lebendig** sein zu schenken. Denn nur die Seele, die gelernt hat, **irdisch**, **tiefgründig** und **ästhetisch** zu sein, wird es auch schaffen, **träumerisch** das eigene Sein zu ergründen.

So beginne alle Deine inneren Kinder zu lieben, ihnen Aufmerksamkeit zu schenken und Deinen verborgenen Frechdachs zu feiern.

18

VERBORGENER FRECHDACHS

In dieser Welt,
in der alles zu ernst scheint,
es so schnell keiner mehr ehrlich meint,
alles voller Norm und Pflicht ist,
so dass man sich fast selbst vergisst.
Ist es wichtig, dass das eigene Licht nicht bricht.
Die eigene Individualität,
ganz tief in mir versteckt,
hat ihren eigenen Lebenszweck.
Da existiert eine Vielfalt in mir drin
und gibt von innen allem Sinn.
Sie ist ein Schatz, mein eignes Sein,
so fühl ich mich in mir daheim.
Sie flüstert Träume,
zaubert ein Lachen und lässt ganz viele Flausen in mir erwachen.
Sie bricht die Regeln, sprengt die Grenzen
und lässt den Frechdachs in mir glänzen.
So existiert er in mir drin,
mein eigener Funken,
mein Hauptgewinn
und gibt von innen allem Sinn.

Wenn Dir so bewusst wird, dass da viele in dir leben, wird es auch nie wieder langweilig und Du wirst anfangen, mit kindlicher Neugierde Dich selbst zu beobachten, und Dich immer wieder selbst überraschen können. Das Leben wird mehr Abenteuer und alles wird eine andere Qualität bekommen, denn Du hast erkannt, dass nichts in Stein gemeißelt ist und alles, was dir begegnet, eine Erfahrung darstellt, die Dich auf ihre eigene persönliche Art und Weise bereichern wird.

SO GEH DEINEN WEG, AUF DEM STETS DER WIND DER VERÄNDERUNG WEHT.

SEI VON DIR SELBST ÜBERRASCHT, WAS DU ALLES IN DEINEM LEBEN SCHAFFST.

GIB NIEMALS DIE EIGENE HOFFNUNG AUF, SO SCHREIBST DU DIR DEN SCHÖNSTEN LEBENSLAUF.

ERSTER STREICH ...

Man muss **Weggehen, um anzukommen**, denn nur so kann man
Verstehen, was Leben heißt.

Es lebt in mir, **Das mutigste Mädchen der Welt**, und möchte
Angstfrei seine **Gefühlsreise** starten.

Denn im **Geschenk des Anfangs** wird das **Bild des Lebens**
gezeichnet und **Der Verrücktheit kostbarste Gaben** sind zu sehen.

So will meine Seele ihr **Heimatherz** finden und ihr
Eigener Stern sein, damit das **System** Mensch in mir tief drin
Klein und wild und weggelacht seinen eigenen Weg findet.

WEGGEHEN, UM ANZUKOMMEN

Ich muss weggehen, um anzukommen,
um an meine Seele ranzukommen.
Mein Geist fühlt sich ganz benommen,
hat er durch seine Freiheit doch so viele Möglichkeiten gewonnen
und alle Wehmut scheint zerronnen.
Einfach nur weggehen, um anzukommen,
so habe ich die Eintrittskarte in mein eigenes Leben gewonnen!

22

VERSTEHEN, WAS LEBEN HEISST

Sich nicht mehr selbst verurteilen!
Die Verantwortung nicht mehr in den anderen sehen!
Die Welt mit klaren Augen erkennen!
Alle Fehler lieben lernen,
sich gar an ihnen erwärmen.
Verstehen, was leben heißt
und dass das Sein manchmal entgleist.
In allem seinen Sinn erkennen,
um die Möglichkeiten zu benennen,
so weht der Wind mir ins Gesicht,
wenn meine Seele zu mir spricht:
Vergiss den wahren Sinn des Lebens nicht!

23

24

DAS MUTIGSTE MÄDCHEN DER WELT

Ich hab das mutigste Mädchen der Welt kennengelernt,
als ich in mir spazieren war.
Warum war mir das all die Jahre nicht klar?
Da lebt ein kleines Universum in mir
und für dieses Universum bin ich hier.
Bin mein eigener hell leuchtender Stern
und hab mich langsam wieder gern.
So hab ich das mutigste Mädchen der Welt kennengelernt,
als ich kurz in den Spiegel sah,
und frage mich, wo sie all die Zeit war?

ANGSTFREI

Bas Beste ist es,
vor nichts Angst zu haben,
dann muss man auch niemanden um Rat fragen,
kann in sich selbst alle Lösungen finden,
so wird einem jedes Ding gelingen.
Dem eigenen Herzen voll vertrauen
und auf die eigene Seele bauen.
Alle Kraft im Inneren finden,
sich nicht mehr an falsche Vorstellungen binden,
alle Hindernisse überwinden,
damit alle Monster verschwinden.

26

GEFÜHLSREISE

Meine Gefühle können reisen,
in den Emotionen anderer Menschen kreisen.
Durch die Augen der anderen sehen
und ihre Seelen ganz verstehen.
Fühlen, wie die Herzen schlagen,
helfen der anderen Leid ertragen.
Zusammen sich an Großes wagen,
an der Welten Schwermut nie verzagen,
Antworten haben für alle offenen Fragen,
sich zusammen an Wunder wagen
an allen neuen Tagen.

27

GESCHENK DES ANFANGS

Aller Anfang ist schwer
und vor jedem Anfang alles leer.
In jedem Anfang der Zauber wohnt,
für den es sich zu leben lohnt.
So ist jeder Tag ein neues Geschenk,
wenn man ihn als Anfang erkennt
und für die Sehnsucht seiner Träume brennt.

BILD DES LEBENS

Ich will die sein, die ich bin.
Will von niemandem verändert werden,
denn das würde nur mein Sein gefährden.
Will mich mit mir selbst verbinden,
damit die Gefühle der Liebe nie verschwinden.
So ist das Leben wir ein Gemälde,
dem man selbst die Farbe gibt,
und so ist es gut,
wenn man sich auch ein wenig selbst liebt,
damit alles einen Sinn ergibt
und des Lebens Segen kriegt.

29

DER VERRÜCKTHEIT KOSTBARSTE GABEN

Ich will meine Seele spielen lassen,
damit meine Ideen mich nie verlassen.
Will immer neue Flausen haben,
sie sind meiner Verrücktheit kostbarste Gaben.
Ich will ein Kunterbunt in meinem Sinn
und viel Freude in mir drin.
Will mich an mir selbst betrinken
und dem Leben freundlich winken.
So wachse ich stets über meine Traurigkeit hinaus
und lache alle Sorgen aus,
befreunde mich schnell mit mir selbst,
so dass sich mein Sein erhellt.
All das hat das Spiel meiner Seele beim Universum bestellt.

HEIMATHERZ

Wenn du dich nicht meldest,
dann ruf auch ich nicht an,
denn du gehst ja sowieso nicht ran.
Wenn du nicht schreibst,
mein Herz nicht bleibt,
wenn's nichts von dir hört,
ist meine Seele gestört.
Ohne Nachricht, ohne Zeichen,
irgendwann alle Gefühle weichen.
Doch bedenke,
dem Herz würd's schon reichen
und die Seele würd's erweichen,
ein einfaches Zeichen von dir,
dass dein Herz gehört zu mir.

32

EIGENER STERN

Es sind immer die dümmsten Dinge, die durch die Hintertür kommen,
und ZACK ist das ganze „Klare" im Leben verschwommen.
Es sind immer die dümmsten Probleme,
die plötzlich in der Ecke stehn
und von dort aus ihre Runden drehen.
Es sind immer die idiotischsten Sorgen,
die in der Nacht Funken schlagen
und sich gegenseitig nicht ertragen.
Es sind immer die kleinen Schrecklichkeiten,
die sich heimtückisch in deinem Leben ausbreiten.
Drum halte dich von all dem fern
und sei dir selbst dein eigener Stern.

33

 SYSTEM

In mir drin, da lebt ein System,
das können die anderen nicht verstehn.
Es lenkt und steuert,
lacht und weint
und wird so zu meinem Sein.
Es beherrscht meine kleine Welt,
ist stets auf Freude eingestellt
und weiß, dass es niemals zerfällt.
Es hat immer einen Traum
und die ohne Seele glauben es kaum:
Dass so viele Funken in mir leben,
denn dadurch kann meine Seele schweben.

KLEIN UND WILD UND WEGGELACHT

Klein und wild ergibt mein Ego sein ganz eigenes Bild
von einem fröhlichen Geist,
dem fortwährend ein Lachen entgleist,
und so bin ich glücklich gestimmt,
dass die Reise meines Lebens Fahrt aufnimmt.
Mit mir mittendrin
ergibt die Welt plötzlich ihren Sinn
und das alles nur,
weil ich ein bisschen spinn.
So ist das Leben erklärt
und keiner ist verkehrt,
der genügend Verrücktheit hat,
denn so kriegt man alles Böse schachmatt
und alle Monster weggelacht.

35

ERKENNTNISSE DES ERSTEN STREICHS ...

WENN man seinen eigenen Weg erkannt hat, alle Angst verbannt hat und das Heimatherz gefunden, ist man mit sich selbst verbunden.

Mach Dir hier Notizen für Deinen Weg, denn er ist Dein eigenes Privileg.

. . . .
. . . .
. . . .
. . . .
. . . .
. . . .
. . . .
. . . .
. . . .
. . . .
. . . .
. . . .
. . . .
. . . .
. . . .
. . . .
. . . .
. . . .
. . . .

36

ZWEITER STREICH ...

Wenn man einmal seinen eigenen Weg gefunden hat, kann einen so schnell nichts und niemand mehr aus der Bahn werfen.

SUCHE DEINEN EIGENEN WEG, DENN ES IST DEIN PRIVILEG, EINFACH NUR DU SELBST ZU SEIN UND MIT DEINER SEELE REIN.

Sich selbst vergeben, keine **Seelenkopie** sein und die **Wirklichkeit** genießen, all das ist wichtig, um **Eins sein** zu können.
Denn **Nur wenn ich ...** mein eigenes **Not-Aus** kenne, weiß ich auch, was **Ganz tief versteckt** in mir lebt.

Denn immer **Dort, wo die Füße sind**, leben die **Reaktionen** im Hier und Jetzt.

So muss man **Einfach nur wollen**, und alle **Angelegenheiten** werden sich ohne **Bewegungskiller** zum Guten wenden.

SICH SELBST VERGEBEN

Ich will mich mehr auf mich selbst besinnen.
Mich für mich selbst gewinnen.
Nicht im Geist falsche Hoffnungen spinnen,
nicht nur im Traum auf rosa Wolken leben,
sondern durch mein eignes Wunderland schweben
und mir endlich selbst vergeben.
Ich will nicht mehr im Außen suchen,
aufhören, mich selbst zu verfluchen.
Will mich sehen, wie ich bin,
damit ich mich für mich selbst gewinn.

40

SEELENKOPIE

Ich habe alles, was ich brauch,
diesen Stift und Papier,
und erst wenn ich denk,
dieser Sturm, der endet nie,
dann kommt die Euphorie.
So schreibe ich meine Gedanken nieder,
immer und immer wieder.
Lass mich die Welt um mich herum vergessen
und die Monster meine Sorgen fressen.
Meine Gedanken und Träume werden lebendig
und sind durch Stift und Papier beständig.
Ich kann alles sein, alles tun, alles sagen
und muss niemanden nach was fragen.
So bin ich einfach nur ich selbst:
Dank Stift und Papier, womit ich das Gefühl meiner Seele kopier.

41

WIRKLICHKEIT

Ich will, dass man mich sieht,
wie ich wirklich bin,
denn so bekommt mein Sein seinen Sinn.
Will mich nicht verbiegen, damit andere Freude kriegen.
Muss keinem gefallen, um zu siegen,
nur so sein,
wie ich bin,
dann ist meine Seele mitten in mir drin.

EINS SEIN

Die Unendlichkeit und ich sind eins,
denn sonst wäre von uns beiden keins.
So leuchten mir die Sterne in der Nacht,
wenn in mir die Welt meiner Träume erwacht.
Ein Universum, was im Inneren aufersteht
und in meinem Wunderland auf Reisen geht.
Ein Tanz der ganz eigenen Art,
mit Freude im Herzen und Glück gepaart.

43

NUR WENN ICH ...

Nur wenn ich wirklich bei mir bin,
hat mein Leben einen Sinn.
Nur wenn ich mich selbst nach Antworten frag,
erkenne ich den Sinn in jedem Tag.
Nur wenn ich selbst versuch,
ich selbst zu sein,
bin ich innerlich nicht mehr allein.
Nur wenn ich mein Ich erkenn
und mein eigenes Sein benenn,
kann das Ich im Ich entstehen
und seine eigenen Wege gehen.

 NOT-AUS

Wenn's mal in mir brennt
und die Freude ist mir fremd,
drücke ich mein inneres Not-Aus
und fühl mich wieder in mir zu Haus.
Bin so froh für diesen Trick,
da er mir so viele Möglichkeiten gibt.
Er hilft mir beim NICHT-verzweifelt-SEIN,
so ist meine Seele in mir daheim.

GANZ TIEF VERSTECKT

Tief in uns drin
der Ort der Geheimnisse wohnt,
der uns beim Denken und Grübeln nie verschont.
Da schlägt das Herz
und hüpft der Sinn,
so tief und doch mitten in uns drin.
Da, wo unsere Träume Heimat haben
und sich alle Sorgen tief vergraben.
Da, wo sich die Gefühle verstecken
und die Wünsche ihr Köpfchen recken.
Da, wo alle Phantasien schweben,
da beginnt für uns das Leben.

46

DORT, WO DIE FÜSSE SIND

Die Gegenwart im Jetzt ist die wichtigste Zeit,
weil von der Vergangenheit in der Zukunft sonst nichts bleibt.
Mit den Gedanken immer dort sein,
wo auch die Füße sind,
das macht im Leben am meisten Sinn.
So kann man sein Sein genießen,
um nicht in tausend Eventualitäten zu zerfließen.

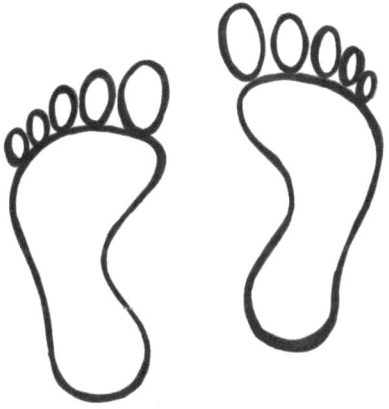

47

REAKTIONEN

Ich habe keine Lust mehr, auf Reaktionen zu warten,
will lieber mit meinen eigenen Aktionen starten.
In mir selbst die ganzen Wunder finden,
mich nicht länger an Erwartungen binden.
Vorfreude haben auf das, was vor mir liegt,
da so der Frohsinn in mir siegt.

48

EINFACH NUR WOLLEN

Wollen wir lachen oder weinen?
Wollen wir reden oder schreien?
Wollen wir lieben oder leiden
oder einfach doch nur glücklich sein?
Wollen wir erkennen oder schauen?
Wollen wir einreißen oder bauen?
Wollen wir verzagen oder vertrauen
oder einfach nur auf uns selbst bauen?

49

ANGELEGENHEIT

Ist das meine Angelegenheit oder deine
oder des Lebens seine?
Meine, deine, seine …
Wessen Angelegenheit es auch immer ist,
sei dir stets gewiss,
dass du immer nur deine Angelegenheit verändern kannst,
egal wie sehr du deinen Willen auch anspannst.

BEWEGUNGSKILLER

Bei Stress da lauf ich gern,
denn dann bin ich meiner Seele nicht mehr fern.
Bau sie ab
alle unguten Gefühle
und steh nicht mehr im Gewühle.
Ich schreib mich selbst einfach um,
alles in mir „Schreiende" wird wieder stumm.
Mit genügend Bewegung
nehm ich dem Leben nicht mehr so viel krumm
und bringe alle Sorgen um.

ERKENNTNISSE DES ZWEITEN STREICHS ...

Du musst einfach nur wollen, so kommst Du zu Deines Lebens Hauptrollen, lass ruhig alle anderen schmollen und betrachte Deine Seele mit Wohlwollen.

Schreibe die Wünsche Deiner Lebensrollen hier nieder, dann kommen sie als Hauptrollen zu Dir wieder.

. . . .
. . . .
. . . .
. . . .
. . . .
. . . .
. . . .
. . . .
. . . .
. . . .
. . . .
. . . .
. . . .
. . . .
. . . .
. . . .
. . . .

DRITTER STREICH ...

Wenn das Leben so seinen Platz gefunden hat, können sich alle Puzzlestücke des Seins zu einem herrlichen Bild zusammensetzen.

ERKENNE DEINEN EIGENEN SPIELRAUM, ZIEHE AUS AUS DEINEM TRAUM UND LASS IHN WIRKLICHKEIT WERDEN HIER AUF ERDEN.

Eigentlich ist es ganz einfach, in jedem **Freudenpunk**t ein **Puzzlestück** Lebensweg zu finden.

Denn **Jeder hat ...** seine **Eigendrehung**, die er beim **Spazieren** durch das Leben vollzieht.

So ist es die **Verwaltung des Menschen**, dem **Perfektionsdämon Gedichte** beizubringen, damit in seinen **Nachtgedanken** nicht **Die Niete** einziehen kann.

Denn **Das Gegenteil von gut** ist hoffnungslos und ohne Glauben an sich selbst zu sein.

55

EIGENTLICH

Eigentlich hab ich alles, was ich will …
Doch was heißt eigentlich Eigentlich?
Eigentlich ist doch nur ein Wort,
das es eigentlich nicht gibt,
und so werde ich durch mein eigenes Eigentlich besiegt.
So ist mir das Eigentlich eigentlich zu viel,
denn mit zu viel Eigentlich kommt man nie ans Ziel!

56

FREUDENPUNKT

Machs gut, du schlechte Zeit,
ich bin nicht mehr zu leiden bereit.
Werde meinen Blick nach den schönen Dingen im Leben richten,
um so nur noch von neuen Wundern zu berichten.
So kann ich immer wieder einen neuen Freudenpunkt sichten
und mich auf ihn zu bewegen,
um meine Seele nach der Freude auszurichten.

57

PUZZLESTÜCK

Mein Ich,
es träumt, es denkt, es fühlt so viel
und niemals ist es still.
Meine Hoffnung, meine Freude,
meine Liebe und mein Leid,
mein Ich ist für alles stets bereit.
Es ist der Kern meiner Identität,
der so viel über mich verrät.
So kommt ein Puzzlestück zum anderen hin
und ergibt der Seele Sinn.
Mein Ich, ein Wesen, das sich ständig neu erfindet
und an seine Wünsche bindet,
damit die Hoffnungen lernen zu schweben,
denn so entsteht nun mal das Leben.

58

Jeder hat ...

Jeder hat die gleichen Sterne,
jeder hat denselben Mond.
Lebt hier im Erdengedränge
und hofft, dass irgendwo die Hoffnung wohnt.
Jeder hat nur dieses eine Leben,
atmet ein und atmet aus,
will nach einem Sinn hinstreben
und sitzt doch drin im Kartenhaus.
Jeder hat die gleichen Sterne,
jeder hat denselben Mond.
Hofft, dass ein Funken Liebe tief im Herzen drinnen wohnt.
Glaubt man an die große Liebe
oder nur an Besitz und Geld?
Wozu ist man eigentlich Gast hier,
in dieser bunten, schönen Welt?

59

EIGENDREHUNG

Ich dreh mich um mich selbst,
und schau in meine „Mitte",
dort find ich diese „Bitte":
Mir selbst treu zu sein,
groß zu träumen und nicht klein.
Meinen eigenen Weg zu wählen,
meiner Seele keinen Unsinn zu erzählen.
So erhebt sich still mein Geist,
weil er endlich nicht mehr entgleist!

62

SPAZIEREN

Ich geh in mir spazieren,
so kann meiner Seele nichts passieren,
werd mich immer besser kennenlernen unter all den Sternen.
So muss ich mich nicht ändern,
kann einfach in mir schlendern,
mein eigenes Ich genießen
und nicht immer mit Kanonen auf Spatzen schießen,
sondern vor Glück überfließen.

VERWALTUNG DES MENSCHEN

Wofür brauchen wir Menschen,
wenn unsere beste Lösung darin besteht,
sie mit Computerspielen bei Laune zu halten?
Keiner will sein Leben noch selbst gestalten,
wir alle lassen uns nur noch verwalten
und irgendwann dann ausschalten.
So gibt es kein Halten,
irgendwann werden alle Gefühle auf der Erde erkalten.
Lasst uns doch bitte das Programm umschalten
und unser Leben neu gestalten.

64

PERFEKTIONSDÄMON

Perfekt gibt es nicht,
auch wenn Social Media dir das verspricht.
Perfekt ist nur ein Wunschgespinnst,
nach dem jeder ringt.
Doch in Wirklichkeit ist es ein Dämon,
nur von außen fromm,
im Inneren lodert es und brennt,
da man im Perfektsein sich selbst nicht mehr erkennt.

GEDICHTE

Ich habe Gedichte für und gegen den Schmerz,
ich habe Gedichte für und gegen die Wut,
denn mit Poesie wird alles gut.
Ich habe Gedichte, die einfach nur Freude machen
und leise in der Seele lachen.
Ich habe Gedichte, die vor Ärger überlaufen
und sich an meiner schlechten Laune besaufen.
So habe ich Gedichte für alle Lebenslagen,
die immer nach extremen Gefühlen fragen.
Dadurch ist meine Welt etwas anders als gewohnt,
doch durch mein Dasein wird jeder von Langeweile verschont.

NACHTGEDANKEN

Jeder denkt zwar nur an sich,
doch dadurch ist nicht gewiss,
dass wirklich ist an alle gedacht,
zu viele liegen nachts noch wach
und fragen nach der Ewigkeit
und was wohl von ihrer Seele übrigbleibt?
Sie sind nicht bereit, jeden Unsinn mitzumachen
und die Erde zu verschachern,
wollen nur ein Stück vom kleinen Glück
und den Frieden zurück.

67

DIE NIETE

Wenn ich ein Los wäre,
dann wäre ich eine Niete.
Nichts von mir bliebe
außer einem Papier
und ich würde bleiben, wo ich nie gewesen bin,
so hätte mein Losleben keinen Sinn,
denn jeder will immer nur den Hauptgewinn.

Das Gegenteil von Gut ...

Ich will mich nicht mehr erklären,
hab keine Lust, mich zu wehren.
Kann eure Ratschläge nicht mehr hören,
da sie nur meine Seele stören.
Ihr könnt mich nicht verstehen,
doch es wird auch ohne euch gehen.
Ich zieh mich in mir zurück,
finde mich Stück für Stück
und spüre das Glück!

69

ERKENNTNISSE DES DRITTEN STREICHS ...

LASS in Dein Leben immer Hoffnung rein, denn so lernst Du, bei Dir zu sein, und bist in Dir daheim.

Formuliere hier Deine guten Hoffnungsideen, dann helfen Sie Dir Dein Köpflein in Richtung Freude zu drehen.

. . . .
. . . .
. . . .
. . . .
. . . .
. . . .
. . . .
. . . .
. . . .
. . . .
. . . .
. . . .
. . . .
. . . .
. . . .
. . . .

70

71

VIERTER STREICH ...

Zu verstehen, dass Perfektion auch ein Dämon sein kann und dass das Gegenteil von gut gemeint oft schlecht gedacht ist, bringt dem eignen Sein eine riesige Bereicherung.

DRUM LASS DICH AUF DAS ABENTEUER LEBEN EIN, DANN BIST DU IN DEINEM SEIN NIE EINSAM UND ALLEIN.

Vom Mond aus betrachtet ist der **Weltensehnsuchtsstaub** ein **Geschenk**, das wie ein **Tanzender Stern** die **Vision meiner Inspiration** bei der **Geburt des Willens** unterstützt.

So ist **Das Ich** nur ein **Du bist** und hält immer an, **Bis der Himmel sich dreht.**

Doch wer einmal das Prinzip **Vom Säen und Ernten** verstanden hat, weiß, dass **Das System Mensch** niemals **Katastrophenorientiert** sein sollte!

VOM MOND AUS BETRACHTET

Ich möchte diesen Bonbonglasmoment zurück
für ein Leben voller Glück.
Ich möchte die Seifenblasen fühlen,
wie sie zerplatzen auf meiner Haut,
weil meine Freude ihr Regenbogenschillern braucht.
Ich möchte auf der Schaukel sitzen
und sehen, wie die Sterne glitzern.
Dann wird es ganz warm in meinem Bauch
und ich habe das Gefühl,
dass ich nichts anderes brauch.
So wird ein Geheimnis in mir gewiss,
dass alles gut wird,
wenn ich mich selbst nicht mehr vermiss.
Dann nickt der Mond freundlich meiner Erkenntnis zu
und sagt:
Vom Mond aus betrachtet vergehen alle Sorgen im NU!

WELTENSEHNSUCHTS- STAUB

Ich fühle mich wie ein Schmetterling
mit meinem bunten, wilden Sinn,
meinen Flausen im Kopf
und einem Leichtsinn, aus dem der Unsinn tropft.
So bin ich ein beschwingtes träumerisches Ding,
das die Freude für sich gewinnt.
Hab den Weltensehnsuchtsstaub an mir kleben
und daraus entsteht mein Leben.

76

GESCHENK

Ich schenke dir die Sicherheit meiner Liebe
und damit schenke ich dir Kraft!
Ich schenke dir die Bedingungslosigkeit meiner Liebe
und damit schenke ich dir Freiheit!
Ich schenke dir die Beständigkeit meiner Liebe
und damit schenke ich dir Mut!
Ich schenke dir die Liebe in mir,
denn sie tut so gut!

TANZENDER STERN

Wie gut, dass mich niemand mögen muss,
sonst wär die Welt schnell im Überdruss.
Wie gut, dass ich mir nur selbst gehör
und im Außen keinen stör.
Wie gut, dass ich weiß, wie Freude geht,
auch wenn mir das Wasser bis zum Halse steht.
Wie gut, dass ich bin von der Welten-Raffsucht befreit
und nichts mehr hasse als Streit.
Wie gut, dass ich meiner Seele selbst gebe ihr Geleit,
so bin ich jederzeit zu gebären einen tanzenden Stern bereit.

78

VISION MEINER INSPIRATION

Da gibt es eine Vision, die mich antreibt,
so dass immer genügend Inspiration in mir bleibt.
Es ist die Version meines eigenen Selbst,
das von innen heraus die Welt erhellt.
So bin ich ein Künstler im eignen Leben,
ein Träumer, dem es immer gelingt zu schweben.
Kann so die Sterne erreichen
und all meine Wunderwünsche rosa streichen.
Bin das Märchen meiner eignen Phantasie
und schreibe so meines Lebens Biographie.
Es wird so schön sein wie nie,
da sie in mir lebt, meine Harmonie.
So werde ich nie zu einer Kopie,
denn in mir existiert genug Magie
für des Lebens großes WIE!

79

80

GEBURT DES WILLENS

Die wahre Entdeckungsreise des Lebens
beginnt innen, nicht im Außen.
Wenn man das erst versteht, man seine eigenen Wege geht.
Und so ist das, was wir brauchen,
auch ein Stückchen Stille,
denn nur so kann er entstehen:
„Der eigene Wille!"

DAS ICH

Ich bin …
Am Leben …
Also bin ich …
Und wenn ich BIN, dann lebe ich.
Und wenn ich lebe,
bin ich dann ich?
Und wenn ich ich bin,
dann bin ich
ich!

82

 Du bist

Du bist, wofür du lebst,
dich in deinen Träumen drehst
und in Sehnsucht aufgehst.
Du bist, was in deinem Herzen wohnt
und die Summe der Tränen, die sich lohnt.
Du bist die Freude und das Leid
und immer für ein Abenteuer bereit.
So bist du stets das, wofür du lebst,
wonach du mit deinen Gedanken strebst
und mit Liebe deine Gefühle einwebst.

BIS DER HIMMEL SICH DREHT

Irgendwo ist immer Freude
und es wär doch viel zu schade, sie zu versäumen,
warum also immer nur träumen?
Das Schwere soll nicht mehr an mir ziehen,
ich werde von nun an vor ihm fliehen.
Bis der Himmel sich dreht
und aller Kummer vergeht.
So applaudier ich meinem Glück,
dann kommt es immer wieder zu mir zurück.

86

VOM SÄEN UND ERNTEN

Was macht es mit mir zu erkennen,
dass alles in mir ist?
Mein Leben nichts vergisst!
Ich mich nur immer wieder selbst
neu ausrichten muss
und es ist nie Schluss,
doch auch nie zu spät,
um zu erkennen,
man wird ernten, was man sät,
und dass in Wirklichkeit jeder Hahn danach kräht,
sich im Außen aufbläht,
um im Inneren zu verstehen,
im Leben braucht es immer Ideen,
um alles in die richtige Richtung zu drehen.

DAS SYSTEM MENSCH

Ich komme nicht mehr mit,
meine Welt zerfällt Stück für Stück,
kann mich mit niemandem mehr verbinden,
in einem anderen Heimat finden.
Und doch fühl ich mich wirklich frei,
da ich nicht bin
bei den gemeinen Machenschaften mit dabei.
Bin nicht Teil eures Systems,
versteh nichts von alledem,
was sich in euren Köpfen abspielt
und die Freude und das Glück der Erde stiehlt.

KATASTROPHENORIENTIERT

Irgendwo tief im Süden meines Herzens,
da lebt immer ein kleines Stück Freudenglück
und bringt mir das Lachen im Leben zurück.
Auch wenn ich oft katastrophenorientiert denk,
es das Glück in mein Leben lenkt.
Ich muss nur versuchen, mir selbst treu zu sein,
dann kommt nur Schönes hinein
und ich bin in mir daheim.
So wird kein Stress in mir wohnen,
kann von innen heraus alle Freude klonen,
so dass wird bald wieder mehr Glück auf Erden wohnen
mit mir als Katastro-Fee an Bord,
darauf geb ich euch mein Wort,
so wird die Welt mit uns zusammen ein besserer Ort.

89

ERKENNTNISSE DES VIERTEN STREICHS ...

BIS der Himmel sich dreht, die Sehnsucht der Menschen nie vergeht, einfach nur glücklich miteinander zu sein und in der eignen Seele daheim.

Halt hier all Deine Sehnsüchte fest, dann bestehst Du des Lebens Test.

....
....
....
....
....
....
....
....
....
....
....
....
....
....
....
....
....
....
....

90

SCHLUSSHOFFNUNG

Ich hoffe,
dieses Büchlein konnte Dir zeigen,
dass der Weg zum eigenen Sein
immer nur im Inneren zu finden ist.
Genieße das Labyrinth Deiner Gedanken
und erkunde die verborgenen Zimmer Deiner Seele.
Der Schlüssel zu Deiner eigenen Welt
ist immer in Deiner Hand.
Denn in der Tiefe unseres eigenen Selbst
liegt die Quelle unserer Stärke,
unserer Hoffnung und unseres Mutes.

Bis bald irgendwo zwischen den Buchstaben.

Wundertütenpoet

Besuche mich auf

www.wundertuetenpoet.de